Ousmane Tall

Les érudits

Ousmane Tall

Les érudits

Avec un lyrisme et un réalisme profonds, le poète nous amène à la découverte des tréfonds de l'être.

Éditions Muse

Imprint

Cover image: www.ingimage.com

Publisher:
Éditions Muse
is a trademark of
Dodo Books Indian Ocean Ltd., member of the OmniScriptum S.R.L Publishing group
str. A.Russo 15, of. 61, Chisinau-2068, Republic of Moldova Europe
Printed at: see last page
ISBN: 978-620-3-86514-1

OusmaneTall

Les érudits
Tome 1

Aux femmes

Ce que j'aime le plus en elle c'est sa force
Ce que je préfère c’est sa fragilité
À la contenter sans cesse mes vers s’efforcent
Sans pour autant troubler son authenticité
J’aimerais plonger dans ces prunelles profondes
Pour sentir de son âme toute la beauté
Et je n’en ai que faire de ses formes rondes
C'est dans le cœur que se trouve la royauté
Moi, ce que j'aime en elle, c'est son caractère
Mais, ce que je préfère c’est sa gentillesse
Sa loquacité et sa pudeur réfractaire
Sa peau d’or, d’ébène et ses charmes de déesse
Sa chevelure noire et sa voix délicate
Font que je la contemple, sobre, avec ivresse
Que je m’égare dans son regard écarlate
Qu’elle m’ensorcelle comme une enchanteresse
Ce que j’admire plus en elles c'est leur force
Ce que je préfère c’est leur fragilité
À les contenter sans trêve mes vers s’efforcent
Sans pour autant entacher leur ingénuité

Le 14 Novembre 2019
À 23h 01mn

Bled

Tout va mal, mais, elle se dit que tout va bien
C'est comme si personne ne lui veut du bien
Tout d'un coup, coup par coup sont coupés les liens
Mais quels liens, elle voit bien qu'il n'y avait rien
Il lui ment tellement, la blesse gentiment
Et les gens, gens méchants l'insultent poliment
Des ‘‘je t'aime’’ de haine lui ont brisé l'cœur
Il l'a dit à une autre, les autres l'écœurent
Elle sourit, elle se dit que tout va bien
C'est comme si personne ne lui veut du bien
À l’école, étrangère, on l'a mise à l’écart
Toujours marginalisée, seule au fond du car
Et les gens, gens méchants l'insultent poliment
Les filles l'humilient, la traitent méchamment
Et les garçons se moquent d'elle ouvertement
Puis tout le monde laisse faire bêtement
Et chez elle, la demoiselle est malheureuse
Quotidien de tâches ménagères tortueuses
Lot journalier de maltraitances, de jurons
Pas d'armoire, elle n'a que quelques jupons
Et elle pleure en se disant que tout va bien
Car c'est ainsi, personne ne lui veut du bien
Un beau jour comme on en voit toujours tous les jours
Pour fuir la mort, la pauvre met fin à ses jours
Entre la corde et la chaise, la veine ouverte
Un sourire aux lèvres, la prunelle entrouverte
Puisqu'au final, tout, tout est mal qui finit bien
Et maintenant, personne ne lui veut plus rien

La société l'a tuée, sans s'en préoccuper
Hantée de son vivant, morte elle repose en paix

Le 26 Avril 2020, à 18h 15

Charme

Elle amuse, la muse et charme, la charmante
Dont la peau d'ébène est d'une beauté ultime
Son sourire est si bien sublime qu'il tourmente
Les yeux jettent sur elle un regard légitime

L'attraction passionnée de ses lèvres vermeilles
Est amplifiée par ses prunelles lunatiques
Il semble que dans cette poitrine sommeille
Un cœur plein de roses fraîches, d'amour pudique

Les tons suaves de sa voix sont si chaleureux
Si harmonieux comme une douce mélodie
Sa sensualité trouble les prosodies

Sa joie enjouerait n'importe quel malheureux
À la recherche de volupté et sans arme
Mes pensées vont à elle envoutées par son charme

Le 11 Mai 2020, à 05h 07

Fatoumata

L'union fait la force mais aussi la faiblesse
Je sais très bien que quand on est seul, les faits blessent
Mais, quand on est en groupe, on est tout sauf soi-même
Farmata, sache que tu es tout sauf toi-même
Tu n'es qu'une pâle copie de tes amies
Tu ne sais ni qui tu es, ni qui tu dois être
Ni ce que tu es, tu es ton seul ennemi
Tu caches ton fond et tu t'obstines à paraître
Et tu fustiges les imperfections des autres
En vue te cacher tes propres imperfections
Dans des moqueries et niaiseries tu te vautres
Et tu ris souvent pour cacher ton manque d'affection
Je ne souhaite pas t'insulter ni t'humilier
Tu ne me parles plus, nous ne sommes plus liés
Mais, sache que tu vaux plus que tu ne le crois
Chaque femme est princesse, alors estime toi
Ne te cache pas, car tu as un très bon fond
Laisse mourir tous tes doutes les plus profonds
Laisse les parler, n'écoute pas les bobards
La beauté est dans le cœur et nulle autre part
Ne cherche pas, mais trouve qui tu es d'abord
Occupe-toi plus du fond que de tes abords
Sois toi-même, tu vaux plus que tu ne le crois
Pour avoir décrit ton être pardonne moi
Pardonne-moi si j'ai été impertinent
Mais, il fallait que tu saches que tu te mens

Fily

Les causeries, tu en raffoles
Les plus belles sont les plus folles
Tu es la plus folle ma fée
Sur ce on s'entend à merveille
Les airs nocturnes s'émerveillent
Quand le soir, nous défions Morphée

Ta joie est ton plus grand trophée
La contagion est son effet
Ta compagnie est un délire
Et le délire est ton emblème
Tu veux un recueil et deux poèmes
Tous à toi seule dans ma lyre

Mais parfois, tu es impolie
Tu m'insultes trop ma jolie
Tu m'as dit d'écrier sans quartier
Je te charrie alors ma belle
Car agréables sont nos querelles
Précieuse m'est ton amitié

Et tu pardonnes sans châtier
Puis, tu t'excuses volontiers
Même quand tu n'es pas fautive
Au moins, certains cœurs restent purs
Des liens tu combats l'usure
Sans trop pourtant être émotive

Aux autres tu es attentive

Pensant comme une détective
Menée par ta curiosité
Tu poses des questions sans fin
Arrêtes de fouiner enfin
Dans l'amas de complicités

Tous dires sont véracité !
Mais, nous séparent des cités
Tu es à la fois loin et près
Plus de deux ans qu'on ne s'est vu
Dans le réseau est l'entrevue
Donc, distante, tu reste auprès

Et tu me parles d'elle exprès
Pour que je me souvienne, après
Que j'oublie l'oubli éphémère
Donc, avec toi, comment l'oublier
Façon, je lui ai envoyé
Un poème en bouteille à la mer

Pour t'écrire tout ça ma fée
J'ai encore défié Morphée
Pour au mieux peindre ta folie
Les fous s'entendent à merveille
Puis, ma fée est une merveille,
Ma folle se nomme Fily !

Le 1er Mai 2020 À 04h 44

Fragile

Ma fille, ma sœur, mon amie, ma bien aimée
Sache que la vie est parsemée de ramées
Que la vie de rêve est un concept suranné
Mais on apprend à mourir au fil des années
Et les illusions de la souffrance ont leurs charmes
Mais, ne laisse jamais personne voir tes larmes
Ni une nuance de ta fragilité
Pleurer dans ton cœur est une nécessité
Comme le soleil, du coucher à son lever
Quand tu tombes, souviens-toi de te relever
Tu es venue seule au monde sans le vouloir
Et un beau jour tu devras mourir sans savoir
Quand ! Mais, alors vis ta vie comme tu l'entends
Tout en apprenant des moments d'erreur d'antan
Si l'envie d'écouter les gens en toi se vautre
Sache que le plus grand des enfers, c'est les autres
Et même si aller à l'école ravit
Fais bien plus d'efforts à l'école de la vie
Bien souvent le fait de croire aux autres déçoit
Ne crois en personne, juste en Dieu et en toi
Vouloir combler un vide est source de problèmes
Donc, apprends, apprends à te suffire à toi-même
Car tout empire est un jour voué au déclin
Tout autour, les gens se diviseront en clans
Et moi, j'ai tant de choses à te dire pourtant
Je regrette de n'avoir pas assez de temps
Ma fille, ma sœur, mon amie, ma bien aimée

Sache que la vie est parsemée de ramées
Que la vie de rêve est un concept suranné
Ne survis pas, mais vis à travers les années

Le 21 Février 2020 À 21h 15

Hermétique

La perle de rubis coulait sur son visage
Englouti aux tréfonds d'une mer douloureuse
La conscience posée sur mon épaule large
Tel le ciel au pluriel pleurait la malheureuse
Mais des ondes de sang coulaient sur ses pommettes
Solides, ardentes comme de la paraffine
Fluent diffuses, chevelues comme une comète
Vers mon cœur mort que la fragilité raffine
Dès lors, la souffrance a introduit sa semence
Et le myocarde bat jusqu'au summum du spleen
Pris, un cœur pétri est épris dans la démence
Dans des ronces rigoureuses pleines d'épines
Alors, l'étendue de sa douleur devient mienne
Et ipso facto là haut Venus m'ensorcelle
Je veux semer quelques mots pour qu'elle devienne
Plus heureuse et que nos bonheurs soient isocèles !
Enfin, là maintenant elle est trop épanouie
Dorénavant, sa joie est toute vagabonde
Ce sentiment suscité par autrui me nuit
Et ces rires sont plus affligeants que ses ondes
Donc, mes prunelles ne croisent plus son iris
Car, je m'adonne à une cure de silence
Mais dans l'attente que ce sentiment périsse
Ces vers hermétiques parlent avec insolence

Le 04 Décembre 2019 À 22h 25

Instant

Le soleil resplendissait assis sur sa palme
Le vent fredonnait sa mélodie douce et calme
Tout semblait écouter
La nuée, nue, noire, nuancée de nuages blancs
Teint le temps qui tenait tant à faire semblant
Sans fin de s'écourter

Impassible, je suis assis à côté d'elle
Quand le soleil vacille comme une chandelle
Faible Chancelle au pôle
Assise tandis que sa présence s'entête
Elle a l'âme dans les nuages et elle a la tête
Posée sur mon épaule

La coulée du temps pendant un instant s'arrête
Le soleil se fige pour contempler l'aigrette
Couverte d'auréoles
Mais le temps s'impatiente et devient affamé
Alors craintif, l'on prie en vain pour que jamais
Cet ange ne s'envole

Le 11 avril 2019
À 00h 36

Je t'haine

Les mots sont fermés dans une tôle hermétique
Le tic du silence est dans une certaine éthique
Pratique pour sauver l'apparence esthétique
Critique dont néanmoins la fin est fatidique

Tes yeux sont froids comme les flammes de l'enfer
Autant que Lucifer, tu me veux dans tes fers
Austère est ma connaissance et tu t'y affaires
Solitaires sont mes airs ; tu as tant à faire

Sournois faits, tu dis, tu penses du mal de moi
Tournoie, crache sur mon dos avec peu d'émoi
Noie-moi dans le silence pendant plus d'un mois
Noir moi, j'ai le blues et le spleen quand tu larmoies

Je t'aime et je te hais, donc je crois que je t'haine
Malsaine dans mon cœur comme un croquemitaine
Sur scène, tu joues mille rôles par centaines
Je te hais parce que je t'aime, donc je t'haine !

Doña

Le 16 Avril 2020, à 05h 20

Le regard

C'est étrange je ne la connais même pas
Mais pour moi son regard est un somptueux appas
On fait cet échange que séparent nos pas
De regards en un instant constant en passant

Elle a de ce sourire angélique et gracieux
La beauté contemplée par mes yeux audacieux
Des iris semblant refléter l'azur des cieux
Une voix d'aurore qui sur la nuit descend

En ce sourire, que de candeur, de tendresse
Luttons contre ces barrières que le temps dresse
Que les regards se dressent, que les cœurs s'adressent
Aux regards pour inciter un sublime instant

Un instant infini qui est une faiblesse
Mes rétines s'attardent sur tant de noblesse
Ce pas de trop plus qu'il ne le faut parfois blesse
Cet échange de regards sensuel, déroutant

Que de mystères d'une âme attirante et douce
Certains esprits s'attirent, d'autres se repoussent
Mais avec le temps distant l'attraction s'émousse
Ne devrais-je au moins aller demander son nom ?

Ne devrais-je aller cueillir ce regard suprême
En un seul moment pour quelques mots je sème
Avec l'altitude et l'éloquence d'un poème ?

Au bout du compte j'aurai un « OUI », ou un « NON »
Le 07 avril 2020 à 03h 40

Loin

Loin des yeux, loin du cœur dit-on assez souvent

Que ne donnerai-je dès fois pour avoir vent
D'un peu de ses nouvelles
À quoi bon aimer, les gens viennent et vont ?
À bon souffrir et se morfondre ? À quoi bon
Que de penser à elle

J'aurai aimé la voir par quelques occasions
Seuls hasardeusement pour que nous causions
Un peu de l'avenir
Afin de contempler son regard écarlate
Afin d'entendre sa voix douce et délicate
Enfin voir son sourire

Mais tout cela n'est impossible, elle est trop loin
Hélas de mon pas la distance m'est témoin
Mais parfois, par moments
Elle se rapproche et elle est là je la vois
Est-ce un rêve ou un cauchemar, est ce sa voix
À présent que j'entends

Elle est si proche mais mon courage succombe
Il fuit, il s'envole comme la colombe
Mais je ne sais pourquoi
Je l'évite, je la fuis, je la redoute
Mais dites-moi pourquoi dans mon esprit je doute
Doute à aller vers toi

Bouteille à la mer

<u>Look at me</u>

Re-gar-de moi, regarde moi jusqu'à de-main
Sans me voir, sans savoir le fait que je te vois
Sans savoir le fait que tu penses à haute voix
Quand tu me regardes avec tant d'étonne'-ment

Dans mon esprit tes yeux se frayent un chemin
Et à travers mes pensées tu cherches une voie
Ce sera en vain encore pour cette fois
Mais, regarde-moi encore le lendemain

Sais-tu seulement à quel point tu ne sais pas
Mon accalmie est parfois un funeste appas
Pourquoi ton regard cherche obstinément le mien ?

Ma pensée erre à la façon des bohémiens
Pourtant tu t'obstines à savoir ce que je pense,
À trouver des mots derrière ces silences ?

Le 29 Avril 2020, à 05h 25

Mémoires d'oubli

Malgré l'espace, malgré tout ce temps,
Je me souviens que je n'ai pas oublié
La flamme au fond de l'océan s'étend
De mille feux, ne cesse de briller

Loin des yeux, loin du cœur dit-on souvent
Mais je vois qu'on ne dit pas toujours vrai
De tes nouvelles sans vouloir j'ai vent
Tu n'as pas des miennes, j'en suis navré

De ta compagnie j'ai la nostalgie
Le manque de ton regard écarlate
Ta voix à elle seule est une élégie
J'entends qu'elle est encore délicate

Que s'est-il passé, je n'ai rien compris
Tes actes transforment la vérité,
Tes sentiments, ton amour y compris
Mais, le silence a sa véracité

Mille années tu dis, mille années encore
Ce sentiment sera t'il suranné
Nos âmes sont séparées par nos corps,
Je ne crois pas qu'on vive mille années

Mémoire d'oubli vers l'infini tend
Car la flamme ne cesse de briller
Malgré l'espace, malgré tout ce temps

Je m'en souviens, je ne t'ai pas oublié

Ramata

Offre-moi Ramata, Ramata, Ramata
Ne serait ce qu'une nuance de ta simplicité
Et j'aime Ramata, Ramata, Ramata
Tout ce qui se rallie à ton ingénuité

La franchise de la jeunesse “mayata”
Ce qui ne meurt aussi c'est la fragilité
Une femme de caractère “woyata”
Mais, ton cœur est encore plein de naïveté

Mais, ma sœur, j'aimerai parfois voler tes yeux
Pour pouvoir voir le monde tel qu’il ne l'est pas
Vivre ma jeunesse sans penser au trépas

Le monde, que le monde serait merveilleux
Que le temps n'use pas de ta piété l’état
Ta beauté Ramata, Ramata, Ramata !

Le 14 Mai 2020, à 05h 50

Some words

Quelques mots sur un papier d'incertitudes
Quelques verbes témoignant de mon attitude
Quelque sentiment soumis à ma vague étude
Quelque chose que je ne ressens d'habitude

Quelle est-elle ? Non, je ne le sais pas vraiment
Le cœur dit vrai, ou est ce la tête qui ment ?
L'âme, elle en est très confuse, oui apparemment
Et le corps, quant à lui souffre infiniment

Les sentiments, eux brûlent dans un feu de bois
Les voix, elles, de lancent dans un jeu de voix
Mon regard ne s'éblouit que quand je te vois
Ma flamme ne s'éteint que quand elle se noie

Le corps encore robuste et mal en point fuit
Car à ta vue, tout mon courage s'est enfui
J'ai perdu la notion du jour et de la nuit
Car tout s'est éclairci, mêmes mes ennuis

Mes pensées, quant à elles, sont toutes occupées
À ne plus penser, l'esprit en est préoccupé
Mon âme paisible ne connaît plus de paix
Car tu l'as recouvert de ton manteau épais

Doña

Le 11 août 2018 à 02h 49

Au collège

Au collège, j'ai vécu mes pires années
Aussi irrégulières que les Pyrénées
Je m'apprêtais à entrer dans ce théâtre flasque
Comme acteur, l'ennui est : je n'avais pas de masque !
Le cœur sur la main, le visage à découvert,
On railla l'un, brisa l'autre comme un couvert
Car, à vrai dire, j'étais un très piètre acteur ;
Le public ne m'appréciait point pour ces facteurs.
Donc, elles me mirent un défaut ambulant ;
On traita un enfant peu bavard d'insolent.
« Oh oui, nous déplaît sa façon d'être et de faire,
Faisons alors vivre à ce jeune homme un enfer »
Donc, comme thérapie à leur ignominie,
J'en parle avec légèreté et ironie.
De là, nulle de leurs actions ne fut fortuite,
La gentillesse est chère, la cruauté gratuite !
À force, ils m'ont poussé à me mettre à l'écart,
Pour rentrer, je n'attendais plus midi et quart
Incompris, la foi brisée, dans la solitude
Au fil du temps, presque tout est une habitude
Je vivais sans qu'un silence absolu me gêne,
Puis s'éveillait l'allèle stoïque de mes gènes
Je fus celui qui dans la classe est étranger
Seul à sa place et ne va pas se mélanger
Donc, au collège acculé, pour me délivrer
Assis seul dans un coin, j'écrivais, j'écrivais….
Le 03 Avril 2020, à 02h 33

Divergent

Plus longs les chemins sont, plus les routes divergent,
Les routes souvent prises sont les plus aisées.
Là où tous les Hommes se rassemblent, convergent,
C'est la divergence qui me semble peser.
Car, le bien est bien loin d'être chose commune,
Le mal gagne aisément souvent le cœur des Hommes.
Ces routes noircies par la clarté de la lune
Ne sont que des raccourcis malhonnêtes en somme.
J'ai fait vœu, j'ai juré sur ma propre personne
D'être avec l'honnêteté, de faire qu'une
Mais, la sincérité des autres m'abandonne
Et moi, ma propre sincérité m'importune !
L'amitié est de nos jours chose dérisoire,
Car elle est posée sur la base d'intérêts
Les sentiments sont des vérités illusoires,
Les liens d'amitié sont pour un rien enterrés.

.....

Le 28 juin 2019

Farce

Birahim

Ah, mon bon ami, mon plus que frère j'implore
Votre aide que votre bienveillance honore
Je sais pouvoir compter sur vos humbles vertus
Et vous êtes avec grande élégance vêtu
Ces habits en noirs et blancs vous vont à merveille
Puis vous savez quel lien unit nos sangs vermeils
Je veux que vous me fassiez un prêt à la banque
Ce sans quoi ruiné, je finirai saltimbanque
Même si la somme est loin d'être dérisoire
Frère, cet emprunt ne sera que provisoire

Ousmane

Mon cher frère, quel malheur, que t'arrive t'il
À quoi te sert de prononcer ces mots futiles
Oui, je te ferai un prêt sans hésitation
Je ne t'afflige aucune précipitation
Aussi bien ton bonheur que tes malheurs sont miens
Règle tes soucis et puis rends-moi mes biens

Après quelques mois

Ousmane

Ah, mon cher frère, je suis dans un grand besoin
Hélas, je ne te voulais précipiter point
Me voilà ruiné, la banque a pris tous mes biens

Me voilà à la rue, sans famille, sans rien
Et, je n'ai pas mangé depuis des jours, j'ai faim,
J'ai soif, offre moi de l'eau et un peu de pain,
Un repas, je n'en demande pas davantage
Beaucoup de bonté et un semblant de partage.

Birahim

Recule un peu, Ousmane, tu me fais de l'ombre,
Épargne-moi la couleur de tes habits sombres !
Et que me veux-tu enfin ? Comme tu m'encombres
Et quelle odeur ! Vivrais tu donc dans des décombres
Puis, tu as souillé le doux parfum de ma chambre !
Va, je ne te puis pour l'instant donner ton nombre,
Je n'ai rien ! Mais ! Aurais-tu un peu de raison ?
Maintenant, veux-tu t'en sortir de ma maison ?

Birahim tenait une richesse à la banque
Ousmane, le malheureux, finit saltimbanque
Pour avoir fait preuve d'un peu de gratitude
Il meurt de faim n'ayant que de l'ingratitude
Non, rien n'est plus juste que la sincérité,
Et non, rien n'est plus rare que l'intégrité.

En avril 2019

Géhenne

Aucune action n'est issue de la fortuité
Tout est cher ! Mais moi, je joue dans la gratuité

Ils ont porté cent masques, joué plus de cent rôles
C'est une tragique comédie, riez, c'est drôle
J'étais sur scène, ils m'ont honni, sifflé, raillé
Sans gêne des commères mon nom ont souillé
Je suis sans haine mais, je n'ai plus de sourire
C'est quand le cœur est sur la main qu'on le déchire
Seul, je ne crois et ne me fie plus à personne
Je vis juste pour attendre que l'heure sonne
Je laisse en scène leurs dégaines superflues
Un jour j'irai loin ; ils ne me reverront plus
Ils sont sur moi comme sur une bête de foire
Ils me font la guerre, demain j'aurai la gloire !
À l'hosto, je suis venu, j'ai vu la lumière
Pas l'amour, même pas celle de l'infirmière
Faible, j'ai pleuré, maintenant je sais pourquoi
J'étais maudit, innocent, un ''je ne sais quoi''
Condamné aux foudres pour n'avoir rien fait
Tout a été, tout est de ma faute en effet
Je suis un enfant de la douleur, de la géhenne
Né d'un macabre amour, je mérite la haine
À l'hôpital résonnait vaguement dans l'air
La bénédiction maudite de Baudelaire
Alors, je ne peux avoir confiance en personne
Je ne vis que pour attendre que l'heure sonne
Je suis méprisé sans n'avoir rien fait hélas
Ma place n'est pas là, elle est dans l'au-delà.

Happy birthdead

Mon Dieu ! J'ai vieillis, j'ai dix neuf ans maintenant,

Mais j'ai l'impression d'en avoir plus de soixante
J'ai vaincu, j'ai guerroyé contre les tenants
Et là ce sont les aboutissants qui me hantent
J'ai les cheveux blancs comme ceux de kaneki
Ils sont tous masqués, je ne sais plus qui est qui
À genoux devant Dieu, je n'ai plus foi en l'Homme
Je fais de mon mieux pour être un gentilhomme
À des instants irréguliers dans la déprime
Mon cerveau dans un labyrinthe fait des méandres
Bien que le vent tourne, je renais de mes cendres
Là, je versifie des poèmes, je fais des rimes
Je suis à un boulevard de mon avenir
J'essaie de forger le destin de par mes mains
Je suis sans pouvoir sur les choses à venir
Je ne sais même pas où je serai demain
Et aujourd'hui, j'écris le centuple poème
L'ultime et dernier que sur ce recueil je sème
J'aime ce que je fais et je fais ce que j'aime
J'aime écrire et je continuerai quand même
Nul n'est assez jeune pour penser à la mort
Je renais en plus vieux à chaque anniversaire
Je meurs aussi, la vie a le temps pour cancer
J'ai vécu sans regret, je mourrai sans remords.

Né le 23 Mai 2001, à 09h 14

La classe

Pour vivre, il faut avoir les pensées de Candide
Il faut savoir concevoir ces laideurs splendides

Il faut aussi fermer les yeux, être hypocrite
Ignorer des vérités clairement décrites
Le fait d'écouter diffère du fait d'entendre
Vie vulgaire vocifère des maux tendres
On peut ne pas regarder sans pour autant voir
Du mensonge la vérité peut s'entrevoir
Dans ce monde, l'idéal serait la débilité
Ou au mieux, une éphémère ingénuité
Certains cœurs s'écœurent face à l'absurdité
D'autres sourient à l'absente sincérité
Dans une classe qui naguère fut soudée
Où Satan ne chuchotait nulle sombre idée
Régnaient la camaraderie, la bonne entente
Quasi inexistante était la mésentente
Mais, tout ce qui luit finit un jour par s'éteindre
Un tableau noir, ténébreux finit par se peindre
Il suffit trois mois et quelques nouveaux élèves
Pour que divisions en clans et vices s'élèvent
La classe hiérarchique se divise en classes
Certains sont prêts à tout pour trouver une place
La triche devient le raccourci général
L'individualisme est un crime fédéral
Il n'est nulle matière qui ne s'horrifie
Certains s'y trouvant talentueux s'en glorifient
La réussite n'est plus au bout de l'effort
Il faut aussi entretenir de faux rapports
Et de rire et s'acclamer, ils ne manquent pas
Tout haut et de se faire des coups bas tout bas
Et s'ils étaient près de trois assis côte à côte

Suffit que la présence de l'un d'entre eux s'ôte
Pour qu'ils le médisent, qu'ils le rongent à l'outrance
Ce qui paraît apparent, n'est plus qu'apparences
Ainsi, chaque ami devient un outil utile
Qui aux oubliettes irait s'il fut inutile
Il ne faut pas avoir un mais plusieurs visages
Ce, pour faire de chaque outil un bon usage
Et certains pour devancer l'autre sur la note
Lui donneront une ou deux fausses asymptotes
Ils ne peuvent vivre ensemble, chacun son clan
Ils ne s'aiment pas, mais, quand même ils font semblant
Mais, il faut être et faire comme tout le monde
Il ne faut pas voir toutes ces choses immondes
Il faut savoir fermer les yeux et ne rien dire
Il faut mentir, tricher, voler, tromper, médire.
La classe est un prototype de société
Où les pêchers capitaux errent avec fierté
Où la confiance manque, c'est chacun pour soi
Un des rares lieux où la foi déçoit
Pour y vivre, il faut penser comme Candide
Il faut savoir concevoir ces laideurs splendides
Il faut aussi fermer les yeux, être hypocrite
Ignorer ces vérités nettement décrites
Dans ce monde où l'idéal serait la débilité
Pire, une scrupuleuse malhonnêteté
Mais, si quelqu'un de trop d'honnêteté s'enivre
Il lui faudrait ou mourir, ou bien ne pas vivre !
En juillet 2019

La route

Chaque jour bien avant l'aube je me lève
Pour reprendre infiniment le même chemin
Cette même route que j'emprunte sans trêve

Celle que j'emprunterai sans doute demain
Celle qui mène à l'école, qui mène en classe
Celle qui accompagne l'Homme solitaire
Celle qui mène directement à ma place
Celle de l'éternel et de sa loi austère
Et je rencontre plusieurs personnes en boucle
Des gens qui portent toujours les mêmes semelles
Une fille qui a toujours les mêmes boucles
Mais celles qui me marquent ce sont les jumelles
Qui semblent être dans une sphère chaleureuse
Où jamais l'ennui du quotidien ne se vautre
À bavarder ensemble elles ont l'air bien heureuses
Car pour elles aucun jour ne ressemblent à un autre
Mais un jour, ô jour sombre, de ces deux jumelles
Je n'en vis qu'une qui marchait tête baissée
Comme nous elle marchait traînant ses semelles
Elle semblait triste, effarée et délaissée
Puis chaque jour se suivait ressemblant à l'autre
Depuis je ne vois qu'une seule des deux sœurs
Et maintenant son ennui est pareil au nôtre
Car la boucle du temps lui a pris son bonheur.

Le 03 janvier 2020. À 21h 01mn

<u>Le malheureux</u>

Je suis accusé
Sans être coupable

Je suis récusé
Sans être incapable
Je suis condamné
À travers, à tort
Ils m'ont fait damner
M'ont jugé à mort
Ils m'ont regardé
D'un œil mitigé
Au fond dégradé
Puis m'ont fustigé
Pour ce que je suis
Devrai-je changer
Non je ne le puis
Sans me déranger
Qu'est ce que je suis
Je ne le sais point
Qu'est ce que je fuis
Pour aller si loin
Ils croient savoir
Ils croient me connaître
Et mieux que moi voir
Le fond de mon être

Le 25 juillet 2019   À 03h 30

Le tic-tac

Le tic-tac, régulier, temporel de la montre

Résonne funestement dans la chambre sombre
Bonheur et joie iraient forcément à l'encontre
Du temps qui pourtant reste constant dans cette ombre

Ce sort inquiétant paraît fort bien attristant
Une boucle où résonne ce rythme funèbre
Un havre de paix comme pour Dany Tristan
Où rayonnent de mille leurres les ténèbres

Dans un tourment teint d'un somptueux subterfuge
De ces joies passées l'on recueille les vestiges
Dehors, les illusions suscitent le vertige

Donc, la chambre semble être l'unique refuge
Où ce tic-tac tombal fait que les temps se figent
Où la musique console plus qu'elle afflige.

Le 30 Septembre 2019
À 01h 21

<u>Lithopédion</u>

Le cœur dans des larmes de sang est inondé
Le visage est loin des faces sentimentales
Pourtant la présence autour de moi abondait
Mais leurs sourires étaient des farces ornementales

La sincérité a une odeur démodée
Relative à une phase expérimentale
Donc l'hypocrisie, on doit s'en accommoder
Pour vivre, il ne faut être comme Ousmane Tall
Car un sentiment vrai est une dérision
Ou même pour eux, une maladie mentale
Il te revient où non de prendre décision
De porter la laideur d'un masque ornemental
De vivre ténébreusement dans l'illusion
Qui sur la personne a une emprise létale
Il n'est rien de plus noble que l'adhésion
À une solitude d'un calme fœtal
Alors j'ai tué leurs mémoires et j'ai fait le deuil
Et mis sur mes yeux (leurs tombes) de noirs pétales
Chaque jour je croise les yeux de leurs cercueils
Tous sourds par fierté nos absurdités s'étalent
Bien que des larmes de sang coulent dans mon œil
Leur présence dans ma vie me fut fatale
Et même s'ils me jugent seul avec orgueil
Le ventre de ma mère est ma sphère natale

Le 16 décembre 2019

À 21h 42

<u>Louélion</u>

Il fut un temps où vivaient en rivalité
Une meute de loups et une horde de lions
Et il y avait une grande animosité

Entre l'humble Alpha et le majestueux Louélion
Alpha voulait plus étendre son territoire
Il guerroyait en meute avec domination
Louélion dans toutes ces incessantes histoires
Se battait toujours seul pour protéger les lions
La meute lui infligeait de graves blessures
Bien qu'il n'y ait plus de lionceaux dans la tanière
Ces malabars le détrôneraient à coup sûr
S'il n'évitait pas tant de coups à leur crinière
Quand les hommes venaient pour les capturer
Les deux groupes les repoussaient farouchement
Un jour, après tant d'affrontements endurés
Louélion chassa les loups majestueusement
Dès lors se réveilla tout ce qui dormait
Ses enfants lorgnaient son trône jalousement
Les hommes revinrent encore plus armés
Il chercha à leur tenir tête imprudemment
Car, mystérieusement, absente était la horde
Dans un cirque, finit le majestueux Louélion
Maintenant, dans la jungle règne un nouvel ordre
C'est la loi du plus faux, plus celle du talion

Le 07 Mai 2020, à 06h 45

Lui

Les mots. Les maux. Et les maux des mots dans la tête
Sèment le chaos, s'entrechoquent, disparaissent.
Il agonise. Ce n'est qu'un apprenti poète.
Trop lent avec sa main que sa plume caresse.

Il déprime. Puis, il réprime l'absurdité.
Son agonie nwaar le noie dans la détresse.
Il veut sortir. Sortir de la médiocrité.
Il veut faire de la rime, une enchanteresse.
C'est l'être maudit. Il doit écrire pour vivre.
Il choit toujours. Mais, il se refuse à mourir.
Il est voué à l'éternelle solitude ivre !
Il n'espère rien ! Aucun pour le secourir.
Personne. Personne n'est totalement fiable.
Il doit réaliser. Il doit finir son chef-d'œuvre.
Tout seul. Il veut protéger son âme du diable !
Car, il ne veut pas la perdre dans ses manœuvres.
Puis ! Il y'a elle. Elle ! Quel terme symbolique !
Oui elle ! Elle inspire un sentiment dévastateur.
Des Armageddon seulement métaboliques.
Il dénie. Mais, il croit en l'amour salvateur.
Il pense ! Il veut des réponses coûte que coûte.
Pourquoi Dieu l'a-t-il fait éternel incompris ?
Même dans ses prières, est-ce que Dieu l'écoute ?
Il guerroie ! Puisqu'il souhaite la paix à tout prix.
Il n'a que le ciel. La lune. Et tout ce qui luit.
Il n'a qu'un cœur. Une plume. Remplis d'émois.
A-t-il quelque chose, s'il n'a au fond que lui ?
Je parle de lui. Comme s'il n'était pas moi
Le 04 mai 2020 à 05h 15

Lumina

La clarté du dehors emplit mon âme obscure
Au loin, la lune luit de par sa couleur pure
Éclatante et tant convoitée
Par mes prunelles à la quête de clarté

La blancheur de l'astre est de ténèbres entourée
Pourtant, les étoiles ne luisent qu'en soirée
D'obscurité naît la lumière
La lumière fait vivre l'ombre toute entière

Là, des pensées spectaculaires s'émerveillent
Lueurs, rayons, feux follets et mille autres merveilles
Semblent illuminer l'air, l'azur
La Terre sous le regard envieux de Mercure

Le vent vouvoie les plantes vertes aux fleurs vermeilles
Tout scintille et ce bien que le soleil sommeille
Bien qu'il fasse en vérité nuit
L'obscurité, la noirceur, les ténèbres fuient

Ma muse me siffle tout bas de douces choses,
Je fais des vers en vers, elle des vers en prose
Ah, quelle harmonieuse musique
Loin de ces hommes et de leurs discours prosaïques

La clarté du dehors emplit mon âme obscure
Au loin, la lune luit de par sa couleur pure
Éclatante et tant convoitée
Par mes prunelles à la quête de clarté

La nuit s’écoule magnifique et mystérieuse
L'esprit s’enivre d'aventures périlleuses
Le corps ne fait que contempler
L’âme quant à elle se noie dans la clarté

Les parfums se parfument de lumière et d’ombre
La mélancolie dévoile sa face sombre
Mes souvenirs réduisent en cendres
Le bien être et la paix auxquels je semblais tendre

La blancheur de l'astre est de ténèbres entourée
Pourtant, les étoiles ne luisent qu'en soirée
D'obscurité naît la lumière
La lumière fait vivre l'ombre toute entière

Mais le regard s'accoutume à la volupté
À en croire que tout n'est qu'ordre de beauté
Où aurais-je volé ces yeux
Qui ce monde me font voir un peu moins que mieux

Assis, les bras croisés, le front levé, l'œil calme
Je contemple le ciel constellé par ses palmes
Mon esprit s’évade à son aise
Je sens la nature maternelle qui m'apaise

Là, des pensées spectaculaires s'émerveillent
Lueurs, rayons, feux follets et mille autres merveilles
Semblent illuminer l'air, l'azur
La Terre sous le regard envieux de Mercure

NDIOL

Un homme grand est très rarement un grand homme
De nos jours, le bien n'est pas plus grand qu'un atome
Mais un ange terrestre allie c'est deux vertus
Et puis il est pareil à un humain vêtu
Avec un cœur pur dépourvu de cruauté
De vanité, pour qui le bien est primauté

Le genre de personne au grand cœur sur la main
Qui donne aujourd'hui tout sans penser à demain
Et sa volonté de fer paraît sans limites
Il est de ces hommes que l'on voit dans les mythes
Tel qu'un Goliath pour qui plus la morale importe
Il se baisse toujours en traversant les portes
S'il n'étudie pas, il se consacre au basket
De devenir un grand joueur il a comme quête
Puis, il sera bientôt dans l'infinité
Et il noue avec chacun des affinités
Malgré toute sa taille, il n'a aucun orgueil
Au cœur et au corps géants, voilà Ousseynou Gueye

Le 03 Avril 2020
À 03h 29

Noctibus

Connais-tu la tristesse des grandes nuits blanches
Teintées de solitude qui au vide flanchent ?
Ces nuits noires où la faim met de l'air dans le ventre
Où le seul compagnon est la pensée errante
Connais-tu ces nuits où même le sommeil fuit
Nos ennuis, nos détresses ? Connais-tu ces nuits
Où seul, pour ne jamais mourir, on agonise

Où un froid dans le cœur fait que la foi se brise
Connais-tu ces nuits, cette heure où le monde dort ?
Où le spleen s'élargit, où l'idéal s'évapore
Ces nuits éternelles où l'existence est amère
Tels les sorts d'un enfant méprisé par sa mère
Connais-tu ces nuits telles des veillées funèbres ?
Où l'esprit éperdu erre dans les ténèbres
Où une vague lueur lugubre luit au loin
Dans une chambre où l'obscur est le seul témoin
Où on entend vaguement raisonner dans l'air
La "bénédiction" maudite de Baudelaire
As-tu connu ces nuits où on jure à deux mains
Que c'est aujourd'hui qu'on pleure mais pas demain
As-tu connu ces nuits où tu étais tout seul
Ta solitude telle celle du linceul
L'entourage prouve son amour par l'absence
Le fond même des sentiments perd son essence
Connaîtras-tu ce doute total et perfide
Ce moment où l'âme est d'obscurité avide
Connais-tu ces nuits douloureuses et sans envies
Donc, tu es mort, si tu as connu cette vie

Õrigō

C'est à partir de l'endroit, du lieu d'où l'on vient
Qu'on construit une image du lieu où on va
Demain ne nait impunément d'hier, j'en conviens
Ni d'aujourd'hui, mais, demain est à Jéhovah

Je ne viens de nulle part, car j'y suis toujours

Dans la galère encore comme un galérien
Tel que mes frères, je survis au jour le jour
Car étant pauvre de tout et riche de rien

Je suis de là où pour s'acheter des baskets,
On économise l'argent pendant des mois
Celui du petit déj pour se raser la tête
Pour avoir plus de sous, j'ai ma tignasse moi

Je suis de là où quand le ventre hurle de faim
On le gorge de beaucoup d'eau, puis on s'endort
Après, ventre vide, avoir charbonné sans fin
Une eau est de jouvence et le pain sec est d'or

Je suis de là où pourtant semble l'opulence
Mais, nous sommes des misérables sous dictat
L'apparence extérieure n'est qu'une apparence
Nous vivons les dédains que le destin dicta

Je suis de là où rebelle, on jure à deux mains
Les poings fermés, seuls, les yeux pleins de volonté
Que c'est aujourd'hui qu'on souffre mais pas demain
Même si demain nous souffririons volontiers
Je suis d'ici, on est dans la même galère
Nous sommes tous dans cette condition mièvre
Pourtant, chaque fois que je suis avec mes frères,
Mes sœurs, nous avons le sourire aux lèvres
Le 25 avril 2020, à 04h 48

Rosea

La rosée rose arrose la rose rouge
Un rare ravivement ravit l'atmosphère
Et radoucit ce rubis raffiné au bouge
Dans un ravin ravagé, une grande sphère

La rose est recluse et rangée loin des regards
Dans un recoin rugueux, un relief aride
Où le vent ras râle d'un ton rauque et hagard
Où la terre ruinée n'a rien que des rides

La rude région est à la pluie réfractaire
Reflets et rayons ne font reluire la terre
Mais dans un ravin ravagé rôde une rose

Qui rayonne car radoucie par la rosée
Elle renait à l'aurore, elle est arrosée
La rosée rose arrose cette rose en prose

Le 03 Mars 2019

Silence

Silence, ne me parle plus !
Le silence en dit déjà long ;
Nos paroles se sont déplues,

Donc, avec la pensée parlons !

Silence, je ne te vois pas,
Mon regard voit plutôt en toi.
Mais, ton poids n'attend pas mon pas !
Tout serait il ma faute à moi :

Allèle stoïque dans mes gènes !
Les cœurs voudraient se dire un mot,
Mais, la fierté, elle, est sans gêne

Le silence masque nos maux
Les non-dits souillent les émaux
Car, les mots, eux, font trop de peine

Le 30 mars 2020, à 20h 39

Umbra luminosus

La tempête fait rage, un homme est à la mer
Effaré, il se noie dans ce liquide amer
Dans l'immensité, sa tête seule dépasse
Pourtant, il était de l'équipage autrefois
Il aidait toujours, mais, il tombe cette fois
Malgré ses cris, ses appels, le navire passe

Et l'onde le dévore comme une ténèbre
Lui, il lutte en vain contre ce destin funèbre
Car, il s'épuise en combattant l'inépuisable
Il est seul, le ciel, la mer lui semblent austères
Il implore, mais sa voix disparaît dans l'air
Comme si l'aider, était une chose infaisable

Donc, il se résigne à la ténèbre ondulante
Mais, son agonie semble être d'autant plus lente
Les vagues causent une infinité de morts
Il désespère, tout est noir autour de lui
La mer sociétale est un hypocrite appui
Il songe au bateau le cœur empli de remords

Et cette mer amère noierait même un lion
Mais, quelque chose dans son cœur crie rébellion
Cherche à réfuter cette condition atroce
Dans le noir, il décide d'être la lumière
Pour s'épanouir et se dérober de la mer
Il déploie ses ailes géantes d'Albatros.

Un moment

Un moment, je suis sorti de ta vie,
Je voulais, un peu mieux, vivre la mienne.
Si de ma présence tu eus envie
Vraiment, tu m'aurais gardé dans la tienne !

Un moment, je t'ai sorti de ma vie,

Pour mieux te laisser vivre la tienne.
Si de me garder tu avais envie,
Tu serais alors resté(e) dans la mienne.

Et dorénavant, nos regards dévient,
Le silence a des larmes diluviennes.
Dans l'antre, le trop de fierté sévit,
Attendant qu'un pardon de l'autre advienne.

Donc je fais une photo de nos vies,
Sans maux, dans les tous premiers moments,
Où l'envie de se connaître ravit,
Et nous séduit un peu complaisamment.

Alors je finis l'œuvre sur nos vies,
Malades, dans les tout derniers moments
Où on se tourne le dos, on s'oublie,
Où on se dit à jamais fermement.

Le 08 Janvier 2020
A 20h 30

Anywhere out of the world

L'herbe était ébranlée par le vent vespéral,
La lune voguait dans les nuages en spirales,
Qu'abrite le ciel.
Une douce brise caressait les visages,
Ainsi, le regard s'illuminait d'avantage

Sous les lueurs vermeilles.

Dans cette atmosphère la pensée vagabonde,
Elle va, court, vole, n'importe où hors du monde,
N'importe où hors du temps !
Elle entre dans une sereine frénésie,
Puis danse sous la valse de la poésie
Et s'en enivre tant.

L'âme cherche le calme du rythme des vagues
Ainsi que le doux son du silence si vague
Et que l'on n'entend point
Même si la lune est de nature volage
Même si sa lueur est cachée par les nuages
Elle n'en luit pas moins

2018

Death note

Pourquoi j'écris ? Je dirai pour mille raisons.
La principale est que je m'ennuie en ce monde
Je m'ennuie à mourir à travers les saisons
Et toute distraction semble éphémère, immonde
À l'école, je réussis sans faire d'efforts
Néanmoins, je m'y ennuie plus nulle autre part
Ce qui s'y dit me désintéresse bien fort

Donc, je somnambule parmi mes mots épars
L’école me fait désapprendre ; je m'ennuie
Au lieu des recopier les leçons j'annote
Et mon intelligence inassouvie me nuit
Pourtant, peut être plus si j'avais le death note
Je m'amuserai un peu, ou même à demi
Je serai ce quc jc n'ai jamais voulu être
Et je ne mourrai pas comme Light Yagami
Tout en devenant maître dans l'art de paraître
J'aurai un cahier noir et un *Dieu de la mort*
Pour me tenir compagnie ; nous rirons ensemble
Je cultiverai l’amour et l'art de la mort
Je ferai plus de bien que de mal il me semble
Dans ma rêverie, devant moi un bras s'agite
Ramatoulaye me demande à quoi je pense
Et moi, avec mon sourire le plus perfide
Amusé, je réponds : Rien, ça n'a pas de sens
Puis, elle remue la tête, elle a le soupçon
Que je suis un peu fou dans mes pensées profondes
Sans pourtant soupçonner que de toute façon
Le cours sera fini dans quarante secondes😈.

Éclipse

Dans toute l'immensité du ciel bipolaire
S’étendaient en uniformité les deux astres
Lune et soleil comme pour sonner un désastre
Par leur clarté noircissaient l’éclipse annulaire
Là, les deux astres célestes se faisaient face
Formant une noire uniformité par contre

Comme ce fut un rendez vous, une rencontre
Une réunion dont l'homme voyait la surface
Vois-tu, ma dame ? Dis le soleil à la lune !
Encore une fois, nos lumières se mêlent
Sur le silence des étoiles pêle-mêle
Craignant que notre obscurité les importune
C'est la faute à ta pleine nature volage
Tu vis de ma lumière et tu es là ténèbre
Tu symbolises la nuit aux senteurs funèbres
Et te caches lâche derrière les blancs nuages
Tu es d'une blancheur noire, fade, impassible
Tu es mystique et sombre de mélancolie
Je suis la joie, hélas, aucun ne nous lie
Une éclipse est l'union d'un amour impossible.

LA LUNE

À t'ouïr, je suis l'imperfection absolue
Mais c'est mon mysticisme qui fait ma beauté
Ton tempérament témoigne de ta cruauté
Boule de feu géante, instable et irrésolue
Tu anéantiras l'espace, le temps, l'univers
À quoi te sert de rayonner dans la lumière
Tu nous obscurcis depuis l'éclipse première
Et accuses mon être pour des faits divers
Une vérité véridique est impassible
Nos lumières sont obscures, je te l'accorde
Est le seul point divergent où nos lueurs concordent
Qu'une éclipse est l'union d'un amour impossible
Le 14 Novembre 2019 à 21h 05

Pluie

L'atmosphère est humide, les nuages sont noirs
Le soleil dort paisiblement dans son berceau
Le ciel est triste et beau comme un grand reposoir
L’on n’entend que les bruits silencieux des oiseaux

Le ciel joyeux pleure ses malheurs : elle pleut
Les regards sont enivrés se mélancolie

L'âme brute s'adoucit et le cœur s'émeut
Devant ces gerbes d'eau et ces herbes polies

Ordre de beauté, luxe, calme et volupté
Définissent aisément ce ciel nuageux
Tout semble s'apaiser par ce temps orageux

Ainsi et mêmes les cœurs pleins de vanité
Contemplent ce somptueux spectacle en silence
Les nuages qui volent et les goutes qui dansent

En 2018

Vie

Je vis ma vie et j'envie ceux qui la vivent
Sans vivre ni vivres mais pourtant vivent libres
Je crie mes cris et m'écrie pour me faire entendre
Je fuis la nuit et m'enfuis pour me faire prendre
Par mots et maux ainsi que le monde en lambeaux
Par de faux hommes, ainsi que par de faux défauts
Cette flamme de mon âme blâme les blâmes

De cette eau turbulente, calme et qu'on réclame
Qui coule, qui s'écoule sans bruit dans la nuit
Qui fuit, qui s'enfuit, nulle lueur, n'est infinie
La vie meurt, elle se meurt dans nos cœurs sans cœurs
La mort vit dans les remords de nos torts et dort
Et prend son temps avant de faucher l'âme en fleur
La mort n'a point tort d'être une eau qui endort
Je suis venu, j'ai vécu, j'ai haïs, j'ai aimé
Et par le parfum de la souffrance embaumé
Je ne me construis plus dans le regard des autres
J'ne suis ni des leurs, ni des vôtres, ni des nôtres

En 2018

Table des matières

Printed by Books on Demand GmbH, Norderstedt / Germany